300 maneras de
MEJORAR TU SALUD Y BIENESTAR

Ideas, trucos y consejos para mejorar tu dieta, tu físico y tu bienestar emocional

¡3 Guías en 1!

Descargo de responsabilidad: esta publicación es solo para fines informativos y no pretende sustituir el consejo de un médico. Siempre se debe obtener asesoramiento médico de un profesional cualificado para cualquier problema de salud o síntomas. Se han hecho todos los esfuerzos posibles para preparar e investigar este material. No ofrecemos ninguna garantía con respecto a la exactitud, la aplicabilidad de su contenido o cualquier omisión.

Tabla de contenidos

Introducción

¡Enhorabuena y gracias por tu decisión de adquirir *300 Maneras De Mejorar Tu Salud Y Bienestar*!

Este libro contiene 3 guías en 1.

En él encontrarás…

100 Maneras De Mejorar Tu Dieta

Ideas, trucos y consejos para obtener salud y bienestar a través de la alimentación.

100 Maneras De Mejorar Tu Físico

Ideas, trucos y consejos para estar en forma y conseguir un cuerpo fitness.

100 Maneras De Mejorar Tu Bienestar Emocional

Ideas, trucos y consejos para vivir con plenitud y ser más feliz.

Con este libro estarás más cerca de conseguir la salud y el bienestar que mereces.

¡Empecemos!

100 maneras de
MEJORAR
TU DIETA
IDEAS, TRUCOS Y CONSEJOS PARA OBTENER SALUD Y BIENESTAR A TRAVÉS DE LA ALIMENTACIÓN

100 Maneras de Mejorar tu Dieta

Uno de los principales propósitos que se hacen millones de personas cada año, en especial el 1 de enero, es perder peso y comer mejor. Si bien muchas hacen estas resoluciones, en realidad la mayoría no tienen un plan de acción concreto y no saben cómo llevar a cabo dicho propósito.

¿Necesitas ayuda para mejorar tu dieta?

Hay cientos de cosas que puedes hacer.

¿Quieres mejorar tus hábitos alimentarios? ¿Lo haces por motivos de salud? ¿Quieres adelgazar?

Cualquiera que sea tu razón, debes saber una cosa; es totalmente factible.

En esta guía rápida recogemos y repasamos 100 ideas y consejos probados que podrás aplicar inmediatamente para que estés mucho más cerca de conseguir tu objetivo.

¡Buen provecho!

1. Evita beberte las calorías

Tómate tu tiempo para evaluar la cantidad de calorías que te bebes al día. A la hora de perder peso, todas las calorías cuentan. A menudo, no nos damos cuenta de la cantidad de calorías que ingerimos en estado líquido. Zumos, batidos, cafés con leche, refrescos azucarados, alcohol. Algunas de estas bebidas contienen hasta 150 calorías por porción. Multiplica eso por tres, y es fácil que estés consumiendo un tercio de tus necesidades calóricas diarias en forma de bebidas. Así pues, es mejor que te decantes por el agua, las infusiones y los cafés (sin azúcar, por supuesto). Si no puedes evitar los refrescos, decántate por los *light* o sin azúcar. Pese a no ser la opción más saludable, pueden ayudarte a evitar los antojos y a mantener tu recuento calórico a raya.

2. Crea tu plan de comidas semanal

¿Quieres tomar el control de tus hábitos alimenticios? Empieza a planificar tus comidas para toda la semana.

La planificación anticipada de tus comidas no solo te ayudará a llevar una alimentación saludable, sino que también te ayudará a ahorrar tiempo y dinero.

Existen muchas aplicaciones para móvil gratuitas y de pago para planificar tus menús y, de paso, controlar los macronutrientes que ingieres y llevar un control de las calorías, como por ejemplo MyFitnessPal o Fatsecret.

3. Prepara tus comidas con antelación

Además de planificar tus comidas, también puedes dejar ciertas comidas con anticipación. Esta acción te permitirá seguir el plan de comer alimentos saludables. Si una semana de preparación de comidas te parece una misión imposible, comienza preparando un solo día por anticipado, después intenta preparar dos días seguidos y ve incrementando los días conforme le vayas pillando el truco. Puedes dejar preparados incluso los bocadillos y guardarlos en el congelador. La noche anterior, saca uno del congelador y deja que se descongelen en el mármol de la cocina. ¡A la hora de comértelos parecerá que está recién hecho!

4. Llévate tu propio almuerzo

Si comes en el trabajo, prepárate el almuerzo y llévatelo. La preparación del almuerzo te otorgará un mayor nivel de control en lo que se refiere a la nutrición en tus comidas. Si no lo haces, lo más probable es que acabes comiendo fuera y/o eligiendo opciones menos equilibradas y saludables.

5. No te saltes el desayuno

Ya sabes que los alimentos nos aportan energía, nutrientes y agua, todos ellos indispensables para la vida.

¿Por qué el desayuno es la comida más

importante del día? Porque después de 10 a 12 horas de ayuno necesitamos energía y nutrientes para realizar nuestras actividades diarias. No desayunar provoca fatiga y falta de energía.

Si no tomas un buen desayuno es muy difícil que después cubras tus necesidades nutricionales diarias.

¿Cómo debería ser un buen desayuno? Un buen desayuno debe aportar entre 400 y 500 calorías, y se debe estar compuesto por un lácteo (semidescremado o descremado, como leche o yogurt) y un cereal (pan integral, cereales integrales o avena). Puedes acompañarlo con huevos, queso fresco, mermelada light o 0% azúcar, jamón de pavo, tomate, lechuga o mantequilla.

Los principales beneficios de tomar un buen desayuno son los siguientes:

- Mejora el rendimiento físico y mental.
- Ayuda a acelerar nuestro metabolismo.
- Ayuda a mantener un peso corporal normal.
- Mejora la concentración y aumenta el rendimiento.
- Nos permiten llegar a la hora de la comida sin estar famélicos.
- Contribuye a mantener tu salud y

bienestar general.

6. Aumenta tu ingesta de frutas

La fruta es una excelente manera de aumentar la ingesta de fibra, proteger tu sistema inmunológico y obtener una buena dosis constante de antioxidantes.

7. Aumenta tu ingesta de verduras

Consume verduras todos los días. Las verduras son una fuente maravillosa de calcio, fibra y antioxidantes y pueden protegerte de múltiples enfermedades. Procura que en los platos de la comida y la cena sean el primer ingrediente que añades. Pon la carne, el pescado o cualquier otro alimento que vayas a ingerir en el espacio del plato que quede libre. Con este pequeño truco te aseguras de comer un plato saludable, sin privarte de otros caprichos con los que rellenar el plato y estarás reduciendo considerablemente el número de calorías de tu comida.

8. Al horno o a la parrilla. No lo frías

Mantente alejado de los alimentos fritos tanto como sea posible. Pueden ser sabrosos, pero no son adecuados para tu dieta ni para tu cuerpo. Los alimentos horneados o asados tienden a llevar menos grasa, lo que es bueno para el corazón.

9. Planifica con anticipación tus comidas en bares y restaurantes

Planifica tus salidas a bares y restaurantes. Echa un vistazo al menú antes de llegar y ten claro qué es lo que quieres comer. Hoy en día, es difícil no encontrar la carta de cualquier establecimiento colgada en Internet y en las redes sociales. Utiliza esto como una ventaja para planificarte.

10. Planifica con antelación tus vacaciones

Las vacaciones pueden ser divertidas, y generalmente nos exponen a una gran variedad de alimentos. Sin embargo, pueden destruir tus mejores esfuerzos por mantener las cosas saludables. Planifica y piensa en los tipos de alimentos que tratarás de consumir mientras viajas para evitar perder el norte y alejarte de tus objetivos.

11. Haz la lista de la compra

Haz la lista de la compra antes de visitar la tienda. La elaboración de una lista de la compra te evitará comprar alimentos o bebidas innecesarios. Además, es mejor que vayas a comprar después de haber comido algo. Ir con el estómago vacío nos hace bajar la guardia, comprar compulsivamente y hacer malas elecciones.

12. Compra por el perímetro de la tienda

¿Quieres mejorar tus hábitos alimenticios?

Intenta gastar la mayor parte de tu tiempo y tu dinero en aquellos alimentos que se alinean en el perímetro de la tienda de comestibles. Por lo general, en esta ubicación es donde encontrarás los alimentos más saludables. Eso no significa que nunca te aventures por los pasillos centrales para coger el café o los condimentos, pero debes pasar la mayor parte de tu tiempo fuera de esos pasillos aprovisionándote de las cosas buenas.

13. Practica masticar tu comida

Este consejo parece bastante simple, pero es esencial. Tómate tu tiempo para masticar la comida. Masticar la comida ayuda a la digestión y a evitar comer en exceso. Además, al tardar más en terminar la comida, estarás dando a tu cerebro tiempo para recibir la señal de saciedad, cosa que no se consigue engullendo rápido la comida y nos hace comer más de la cuenta.

14. No inhales tu comida

Masticar es esencial pero también lo es degustar la comida. Frena y saborea tu comida. Como has visto en el apartado anterior, es menos probable que comas en exceso si disminuyes el ritmo al que estás comiendo.

15. Intenta comer sin la televisión

La televisión y otros distractores pueden plantear un problema durante la hora de la comida. Nos llevan a no prestar atención a la cantidad de alimentos que estamos comiendo o lo que estamos comiendo.

16. Evita la privación de alimentos

Una dieta saludable no debe equivaler a privación. Permítete disfrutar de los alimentos o comidas que te gustan de vez en cuando. Esta acción te permitirá evitar comer en exceso o experimentar sentimientos de culpa.

17. Reduce la ingesta de grasa

Si quieres mejorar tu dieta, reduce tu ingesta de grasas. Demasiada grasa en tu dieta puede contribuir al estreñimiento, al aumento de peso y a ralentizar tu metabolismo.

18. Limita los alimentos procesados

Demasiados alimentos procesados, como las galletas, las patatas fritas, los cereales, las comidas envasadas, los refrescos y los dulces pueden afectar a tu salud. Contienen una gran cantidad de azúcar y jarabe de maíz alto en fructosa y contienen una cantidad significativa de calorías, sal, azúcar y grasas saturadas. Esta combinación de factores puede contribuir a enfermedades del corazón, diabetes, obesidad y apoplejía.

19. Lee las etiquetas nutricionales

Mientras compras comestibles, tómate tu tiempo para leer las etiquetas. Leer las etiquetas de los alimentos es una manera fantástica no solo de administrar los nutrientes que consumes, sino que esta práctica puede ayudarte a tratar enfermedades como el colesterol alto, la presión arterial alta y las enfermedades del corazón.

20. Evalúa tu dieta y haz ajustes

Una de las mejores cosas que puedes hacer para mejorar tu dieta es hacer un balance de lo que estás comiendo. Puedes llevar un diario de alimentos durante aproximadamente una semana para evaluar si tu dieta es equilibrada o no, e identificar dónde puedes de hacer ajustes. También puedes utilizar cualquiera de las aplicaciones para móviles que hemos recomendado en el punto número 2.

21. Aumenta tu ingesta de fibra

Tu tracto digestivo ama la fibra. La fibra ayuda al movimiento de material a través de tu sistema para que no tengas que lidiar con el estreñimiento o un patrón de intestino irregular. La fibra también ayuda a que tu estómago se sienta lleno después de las comidas y puede ser útil para perder peso.

22. ¿Estás comiendo suficiente calcio?

El calcio es necesario para la salud ósea, la salud del corazón y la función muscular. Asegúrate de comer una dieta que contenga productos lácteos y verduras de hoja verde.

23. Cuida tu ingesta de sodio

Demasiado sodio puede contribuir a una

variedad de problemas de salud, como la presión arterial alta, problemas cardíacos e incluso problemas renales. Reduce la cantidad de sal que agregas a las comidas y, en cambio, utiliza hierbas y especias para darles sabor.

24. Bebe agua

El agua ayuda en la digestión y puede apoyar cualquier esfuerzo por perder peso. El agua no tiene calorías, es saciante y es necesaria para una adecuada hidratación.

25. Come carnes magras

Contienen menos grasa y son generalmente bajas en calorías.

26. Busca formas de reemplazar el azúcar

Busca alternativas al azúcar en tu dieta. En su lugar, busca formas naturales para endulzar tus bebidas y comidas. Por ejemplo, agrega fruta al agua y en lugar de un postre azucarado, come un tazón de fruta.

27. Programa un día de trampa

Todo el mundo merece un día de trampa, y tú no eres la excepción. Tómate tiempo para un día de trampa para no sabotear tus esfuerzos por tener una dieta saludable.

28. Come con un objetivo en mente

No comas solo porque tienes hambre. Intenta

comer con un propósito, ya sea para aumentar tu energía, reducir el colesterol, perder peso o para controlar la inflamación. Esto hará que tus elecciones de comida sean más acertadas.

29. Se vegano/a por un día

Esta decisión no solo te ayudará a aumentar la ingesta de verduras, sino que también agregará variedad a tu dieta.

30. Disfruta de tu café matutino

El café es bueno para ti. Las investigaciones demuestran que el café proporciona estimulación a la mente, promueve la salud del corazón y acelera el metabolismo.

31. Lleva un registro de tus comidas

Llevar un registro de tus comidas puede ayudarte a que seas más consciente de los alimentos que estás comiendo y a que adoptes un enfoque más saludable. Te remitimos de nuevo al punto número 2 de esta guía, donde te proponemos dos aplicaciones móviles gratuitas.

32. Incluye proteínas en cada comida

Come proteínas con cada comida. Puedes tomar un batido de proteínas para el desayuno, almendras picadas en la ensalada con un poco de yogur griego para el almuerzo y un filete magro con guarniciones de verduras para la cena. La proteína ayuda a asegurar que te sientas lleno/a y ayuda a mantener tus calorías bajo control.

33. ¡Come pescado!

El pescado contiene ácidos grasos omega-3 que son una ventaja completa para el cerebro y el cuerpo. Ayuda a reducir el riesgo de sufrir un ataque cardíaco o un derrame cerebral.

34. Aprovecha los recursos de comidas saludables de las redes sociales

¿No sabes por dónde empezar con una alimentación saludable y no conoces muchas recetas? Echa un vistazo a la Universidad de YouTube o únete a un grupo de Facebook cuyo enfoque sea una alimentación saludable. Seguro que encuentras cientos, incluso miles, de ideas apetitosas.

35. Reduce el tamaño de tus porciones

Busca maneras de reducir el tamaño de tus porciones para mejorar tus hábitos alimenticios. Este esfuerzo puede ser tan simple como comer de un plato más pequeño en lugar de un plato normal o tomar una comida un plato más pequeño.

36. Come granos integrales

Los granos integrales son una forma saludable de mejorar tus prácticas dietéticas. Contienen vitamina B, fibra y son ricos en minerales como el hierro, el magnesio y el selenio. Además, reducen el riesgo de enfermedades crónicas.

37. Agrega el té verde a tu lista de bebidas

El té verde contiene numerosos antioxidantes y nutrientes que continúan ganando elogios de a quienes les gusta esta bebida. El té verde ayuda a reducir el riesgo de cáncer, aumenta la pérdida de grasa y mejora el funcionamiento de nuestro cerebro.

38. Haz ejercicio

El ejercicio es bueno para muchas partes del cuerpo, pero es excelente para el sistema digestivo. Ayuda a deshacerse de los intestinos lentos gracias a su capacidad para mejorar la circulación en todo el cuerpo.

39. Duerme bien

Dormir adecuadamente ayuda a mantener un metabolismo saludable y te permite digerir los alimentos y quemar la energía de manera efectiva. Un buen descanso nocturno le permite a nuestro cuerpo regular mejor el azúcar en la sangre.

40. Programa tu último tentempié

Si tienes la costumbre de picotear durante todo el día y hasta la noche, debes tomarte tu tiempo para considerar programar tu último picoteo nocturno para evitar los tentempiés poco saludables a la hora de acostarte.

41. Disfruta de los lácteos (bebe leche)

Los lácteos tienen una mala reputación en estos días debido a la alimentación basada en plantas o baja en carbohidratos. Sin embargo, los lácteos nos ayudan a mantener los niveles de potasio, vitamina D, calcio y fósforo, que son esenciales para la formación de unos huesos sanos.

42. No te compliques

Encontrar el camino hacia una alimentación saludable puede parecer difícil inicialmente, pero la mejor manera de lograrlo es simplificarlo. Si empiezas a hacer recetas complicadas que te roban tiempo y dinero, lo más probable es que abandones el camino. Como se dice en inglés KISS (Keep It Short and Simple) o lo que es lo mismo hazlo corto y sencillo. Las recetas elaboradas más vale dejarlas para ocasiones especiales. Con un estilo de vida frenético como el que llevamos hoy en día, debemos ser prácticos.

43. Come palomitas de maíz

Las palomitas de maíz son una fuente rica en fibra y son un tentempié saludable de granos integrales. Son bajas en grasa, contienen proteínas y pueden ser un potente aliado en tu lucha contra el hambre.

44. Come frutos secos

Las almendras, los pistachos y las nueces de macadamia son un excelente bocado de proteínas que contienen fuentes saludables de fibra, grasa y ácidos grasos omega-3. Toma solo un pequeño puñado porque son altos en calorías.

45. Innova

No tengas miedo de probar cosas nuevas para mejorar tu dieta. La próxima vez que vayas al supermercado, compra una fruta o una verdura que nunca hayas comido.

46. Cuidado con los aditivos químicos

Elige alimentos que no contengan aditivos químicos. Este consejo puede parecer difícil cuando consideramos la cantidad de productos químicos que se utilizan hoy en día en los alimentos procesados. Los aditivos químicos que deben evitarse incluyen el aspartamo, beta-hidroxi-beta-metilbutirato, glutamato monosódico, nitrato / nitrito de sodio, grasas trans y jarabe de maíz con alto contenido de fructosa, entre otros.

47. No caigas en los edulcorantes

Puede que tengas la tentación de echarle edulcorante al café, pero mantente alejado de ellos si realmente deseas mejorar tu alimentación y tu salud.

48. Intenta bajar los carbohidratos por un tiempo

Considera llevar una alimentación baja en

carbohidratos por un tiempo para cambiar las cosas. Bajar los carbohidratos es una manera fantástica de deshacerse de los alimentos procesados y concentrarse en comer carnes magras y verduras.

49. Intenta basar tu dieta en las plantas

¿No eres un fanático del movimiento *low carb*? La dieta basada en las plantas puede ser el plan alternativo para ti. Una dieta basada en los vegetales te alienta a consumir solo vegetales, semillas, legumbres, frutas o granos enteros.

50. Mantén el estrés bajo control

Demasiado estrés puede ser perjudicial para tu sistema digestivo.

51. Sustituye los zumos por frutas reales

En lugar de beber zumos ricos en calorías, cámbialos por algo real. Las frutas son mucho más saludables que los zumos envasados cargados de azúcar y que dicen ser saludables.

52. Come chocolate negro

Come chocolate negro para la salud del corazón, mínimo 60% de cacao. El chocolate negro ayuda a elevar los niveles de HDL (colesterol bueno) y contiene antioxidantes esenciales. La moderación sigue siendo la clave, ya que es alto en calorías. Así que disfruta de una pequeña porción diariamente.

53. Usa harinas integrales

La harina integral es rica en vitamina B, hierro, magnesio y antioxidantes. Esta harina es saludable para el funcionamiento de tu cerebro, el corazón y los músculos.

54. Toma el control de tu cocina

¿Cuándo fue la última vez que pusiste a prueba la salud de tu cocina? Es hora de mirar en la despensa y hacer un poco de limpieza. Deshazte de los artículos no saludables y reemplázalos con alimentos saludables.

55. Ten siempre tentempiés saludables en tu escritorio

Si te gusta comer algo en tu puesto de trabajo, toma medidas para tener disponibles tentempiés saludables. Esta práctica te salvará de realizar viajes poco saludables a la máquina de vending y te puede ayudar a aguantar la tentación hasta tu próxima comida.

56. Considera aumentar tu ingesta de vitaminas

Desafortunadamente, cuando no comemos bien, nos perdemos varias vitaminas y minerales necesarios para que nuestro cuerpo funcione correctamente. Los suplementos no deben ser el camino principal para obtener nuestras vitaminas, pero son una gran ayuda. Las vitaminas pueden servir para mejorar tus niveles generales de energía, aumentar la inmunidad y mejorar la función general.

57. Bebe té negro

El té negro reduce el colesterol LDL (colesterol "malo"), ayuda a la digestión y puede ayudar a disminuir los niveles de azúcar en la sangre.

58. Bebe té blanco

El té blanco es conocido por sus antioxidantes, que ayudan a reducir el riesgo de enfermedades del corazón y reduce el riesgo de cáncer.

59. Permítete picar entre horas

Permítete comer entre horas. La privación de un refrigerio puede llevar a comer en exceso, lo que puede anular el propósito de tus esfuerzos para mejorar tu dieta en general.

60. Disfruta de un desayuno lleno de proteínas

Un desayuno lleno de proteínas es una excelente manera de empezar el día si lo que buscas es aumentar la ingesta dietética de proteínas. La proteína puede ayudar a mantenerte lleno por más tiempo y está comprobado que te ayuda a mantener un peso saludable.

61. Come alimentos con vitamina A

Los boniatos, las zanahorias, el melón, los albaricoques y aquellos vegetales de hojas verdes tienen un alto contenido de vitamina A. La vitamina A desempeña un papel importante en la reparación general de nuestro cuerpo.

62. Come alimentos con vitamina B

Claro que podrías tomar un suplemento para obtener la vitamina B adecuada, pero ¿por qué no comer los alimentos correctos? Las semillas, nueces, vegetales verdes y legumbres son excelentes fuentes de esta potente vitamina que contribuye a nuestra salud cardiovascular en general.

63. Come alimentos con vitamina C

Añade frutas cítricas a tu desayuno o almuerzo todos los días. Este esfuerzo te ayudará a asegurarte de tener una ingesta adecuada de alimentos que respalden tu sistema inmunológico.

64. Come alimentos con vitamina D

Mejora tu ingesta dietética de vitamina D haciendo un esfuerzo consciente para comer pescado graso, hígado, queso y yemas de huevo. Los alimentos enriquecidos son otra fuente fantástica de vitamina D, que es vital para la salud ósea en general.

65. Come alimentos con vitamina E

La vitamina E contiene antioxidantes que pueden ayudar a estimular tu sistema inmunológico. Mejora tu ingesta de esta vitamina al aumentar el consumo de verduras, frutos secos y semillas. Cada uno de estos alimentos ofrece una forma natural de obtener una cantidad adecuada de vitamina E en tu dieta.

66. Come alimentos con Selenio

Una dieta que contenga una ingesta regular de selenio puede hacer maravillas para la salud del corazón, el sistema respiratorio y para disminuir la inflamación en todo el cuerpo. El cerdo, la ternera, el pavo y los frutos secos son excelentes fuentes de selenio.

67. Come alimentos con Magnesio

El salmón, el atún y las verduras de hoja oscura contienen magnesio, lo cual es fantástico para aumentar los niveles de energía y reducir la inflamación.

68. Asegúrate de que tu menú tenga variedad

¿Lo oyes? Es tu menú que requiere un poco de alegría. Si te encuentras comiendo los mismos alimentos día tras día, tu menú carece de variedad. Cambia las cosas, innova, se creativo/a.

69. Equilibra las calorías que consumes con las que gastas

Una dieta saludable tiene una relación profunda con la ingesta calórica. Demasiadas calorías pueden inclinar la balanza en la dirección equivocada. Muy pocas calorías pueden hacer que te sientas agotado. Encuentra un equilibrio saludable para asegurarte de que no estás quemando muy pocas o demasiadas calorías.

Para ello te recomiendo visitar la página https://es.calcuworld.com/salud/metabolismo-basal/. Aquí podrás calcular tu tasa de metabolismo basal y podrás conocer las calorías que necesitas para mantener tu peso, engordar o adelgazar según sea tu objetivo.

70. Haz cardio suave en ayunas y/o entrenamiento de alta intensidad (HIT).

A quien madruga dios le ayuda. Levántate un poco antes y ve a caminar o a correr suave antes de desayunar. Hay estudios que dicen que practicar ejercicios cardiovasculares en ayunas hace que quememos un 20% más de grasa a lo largo del día.

Otra alternativa es realizar HIT. Con el entrenamiento de alta intensidad se queman aun más grasas. Y lo mejor de todo, con este tipo de entreno estarás quemando grasas no solo cuando lo prácticas, sino también el resto del día. Serás una auténtica máquina de quemar grasa. Existen diferentes tipos de HIT. Solo tienes que entrar en YouTube, buscar "entrenamiento de alta intensidad" y podrás elegir el que más se adapte a tu condición física y/o a tus gustos.

Si te decantas por el HIT, procura que no sea una sesión muy larga si estás en ayunas. 12 minutos bastan. Entrenar durante más tiempo sin haber comido nada puede provocarte una bajada de tensión (o "pájara").

71. Se creativo/a con los postres

Te encantan los buenos postres, pero puede que falten en tu menú. Intenta incursionar en recetas de frutas y recetas más saludables que contengan tus ingredientes favoritos, como el chocolate. Opta por el chocolate negro en lugar de chocolate con leche. Prueba la harina de almendras en lugar de la harina blanca. Sustituye el azúcar por dátiles en tus recetas. El resultado es espectacular.

72. Reemplaza los refrescos

Reemplaza los refrescos con agua de limón, té negro, un jugo de fruta natural, agua de coco u otra bebida gaseosa.

73. ¿Me puede poner ensalada de guarnición?

La mayoría de carnes y pescados que comemos fuera de casa vienen con alguna guarnición. Por lo general, patatas fritas, arroz y otros. Mejor pide ensalada como guarnición de tus platos principales. Esta sencilla acción te ahorrará la ingesta de calorías en exceso.

74. Cuenta tus nutrientes con más frecuencia que las calorías

Las calorías son importantes, pero conocer los nutrientes de tu comida es igual de importante. Prestar atención a esos nutrientes te permitirá evaluar el porcentaje de macronutrientes (carbohidratos, proteínas y grasas) y de micronutrientes (vitaminas, minerales…) que ingiere diariamente tu organismo.

75. Conoce los signos de la saciedad

¿Conoces las señales que te envía tu cerebro para decirte que estás lleno? Los expertos recomiendan que dejes de comer cuando estés lleno en aproximadamente el 80 por ciento. Al hacerlo, de hecho, evitarás comer demasiado y agrandar el estómago. Esta práctica es una antigua tradición japonesa que promueve la salud y el bienestar.

76. Evita compensar las comidas perdidas en una sola sentada

¿Eres culpable de comer el equivalente a tres comidas de una sola sentada? Trata de evitar esta práctica tanto como sea posible. Tu cuerpo no siempre responde bien a esta práctica. Desafortunadamente, puede hacer que el azúcar en la sangre aumente a medida que tu cuerpo se mueve para almacenar esa comida para su uso posterior, lo que contribuye al aumento de peso.

77. Establece metas semanales

Utiliza metas para construir mejores hábitos nutricionales. Por ejemplo, usa una semana para enfocarte en mejorar la ingesta de verduras, otra semana para agregar nuevas frutas a tu repertorio y otra semana para probar diferentes carnes magras.

78. Evita tener sed

Hidrátate bien para evitar la sed. La sed nos puede engañar para que creamos que tenemos hambre y desencadenemos comer en exceso.

79. Cocina bien los alimentos

Tómate tu tiempo para cocinar bien los alimentos y evitar los bichos desagradables o una intoxicación alimentaria.

80. Recompénsate por las buenas prácticas dietéticas

Comer sano es divertido, pero aparte de los grandes beneficios para la salud física, ¿cuáles son las otras recompensas? Practica recompensándote por el buen comportamiento. Esta recompensa puede venir en forma de un día de trampa o un regalo para ti mismo/a como por ejemplo un vestido nuevo, un reloj, una tarde de spa o cualquier otra cosa que te haga sentir feliz.

81. Come comidas que contengan Potasio

Nuestros cuerpos dependen de nosotros para obtener potasio de nuestra dieta, ya que por sí mismo no lo produce. Necesitamos potasio para un desarrollo óseo sano y para las funciones cardiovasculares.

82. Limita el consumo de alcohol

El alcohol contiene muchas calorías vacías y

puede sabotear y destruir los mejores planes para perder peso, ya que una vez procesados se convierten en azúcar y además provoca retención de líquidos. Recuerda beber con moderación. Por ejemplo, limita la ingesta de vino a un vaso por día.

83. Elige alimentos que te ayuden a controlar el colesterol

Escoge alimentos que sean buenos para el colesterol. Las fresas, manzanas, uvas y frutas cítricas contienen esteroles y estanoles que ayudan a bloquear la absorción de colesterol por parte del cuerpo.

84. Come alimentos que promuevan el desarrollo fetal

¿Estás planeando tener un bebé? Tu dieta tiene que ver con la salud de tu bebé y tu cuerpo durante el embarazo. Para asegurarte de que recibes una nutrición adecuada durante el embarazo, tanto para ti como para tu bebé, busca una dieta equilibrada que incluya salmón, brócoli, carnes magras, huevos, lácteos, batatas y verduras de hojas oscuras.

85. Come comidas antiinflamatorias

Si la artritis u otros dolores corporales resultan ser demasiado para tu funcionamiento diario, puede ser el momento de volver a evaluar tus alimentos favoritos. Hay algunos alimentos que pueden ayudar a empeorar tu condición, como el azúcar, los productos lácteos, procesados o fritos. Si tu dieta consiste en cualquiera de estas cosas y estás experimentando dolor, haz un cambio.

86. Elige alimentos que promuevan la salud digestiva

Los probióticos, los alimentos fermentados, las frutas, las verduras y los granos enteros benefician la salud digestiva.

87. Elige alimentos que combatan los síntomas de la menopausia

Si estás en medio de la menopausia, es posible que desees modificar tu dieta e incluir vitamina D, hierro, semillas de lino, granos integrales y aumentar la ingesta de agua para controlar los síntomas menopáusicos. La dieta puede hacer mucho para combatir los síntomas de la menopausia.

88. Elige alimentos que reduzcan el riesgo de cáncer

Come alimentos que contengan un alto nivel de antioxidantes y que ayuden a aumentar la inmunidad. Tu objetivo debe ser comer el arco iris, es decir, verduras de todos los colores. Los antioxidantes son famosos por su capacidad no solo para reducir nuestros riesgos de desarrollar cáncer, sino que también pueden reducir nuestras posibilidades de desarrollar enfermedades cardíacas o el Alzheimer.

89. No cocines demasiado la carne

Tu objetivo debe ser cocinar la carne completamente, pero debes evitar cocinarla demasiado porque esto le robará sus nutrientes, además de que está demostrado que la comida quemada contiene elementos nocivos para la salud, incluso cancerígenos.

90. Cocina con Aceite de Oliva Virgen Extra

El aceite de oliva contiene grasas buenas que se traducen en una buena salud del corazón. El aceite de oliva contiene vitamina E, vitamina K y potentes antioxidantes.

91. Ten cuidado con los aceites hidrogenados

Estos aceites pueden tener la ventaja de tener una vida útil decente, pero pueden causar estragos en el colesterol bueno y el colesterol malo.

92. Cocina con hierbas y especias

Cambia la sal y la pimienta por hierbas y especias. La sal y la pimienta no tienen que ser el elemento principal de tu colección de sabores de condimentos cada vez que enciendas el fogón. Intenta agregar orégano, cilantro, paprika, comino, romero y otras hierbas y especias a tu repertorio. Te enamorarás de las recetas que crees.

93. Evita comer tres horas antes de acostarte

Trata de dejar de comer dentro de las tres horas antes de acostarte para que tu cuerpo tenga tiempo de quemar grasas y disminuir los niveles de azúcar en sangre. Cada vez que empiezas a comer, tu azúcar en la sangre aumenta como el motor del automóvil.

94. Practica una buena higiene alimentaria

Limpia tus frutas y verduras y cocina tus alimentos a conciencia. Según los Centros de Control de Enfermedades de los Estados Unidos, 128.000 personas son hospitalizadas y 3.000 mueren cada año por enfermedades transmitidas por los alimentos.

95. Lávate las manos

Siempre lávate las manos antes de preparar la comida y antes de comer (ya sea la comida principal o los tentempiés entre horas). Lavarse las manos ayuda a detener la propagación de enfermedades.

96. Haz de las comidas una experiencia gastronómica agradable con una buena compañía

Rodéate de buena gente tan a menudo como sea posible durante tus comidas. Una comida enojada se convierte en una experiencia molesta y perjudicial para el tracto digestivo.

97. Asegúrate de que la comida es satisfactoria

Comer sano debe ser una experiencia placentera. Asegúrate de que tus comidas sean satisfactorias y satisfagan sus necesidades. Comer sano puede y debe ser equivalente a comer sabroso y saciante.

98. Trata cada comida como si fuera importante

Haz tu prioridad garantizar que no ninguneas ninguna de tus comidas y préstales la atención que se merecen. Come siempre de manera consciente y no deprisa y sin prestar atención a lo que estás haciendo. Asegúrate de que tiene todos los nutrientes que tu cuerpo necesita, que esté rica y que te satisfaga. Es lo que se conoce como Comer con consciencia (*Mindful Eating*).

99. Mantén una actitud positiva

Mantén una actitud positiva durante la preparación de la comida y la hora de la comértela. Conviértelo en una experiencia divertida y construye una experiencia memorable en tu viaje hacia una alimentación y una vida saludables.

100. Busca la ayuda de un profesional

No tengas miedo de obtener la ayuda de un nutricionista o un profesional de la dieta para que te ayude a encontrar una dieta saludable.

"El cuerpo es nuestro jardín, la voluntad es nuestro jardinero" (William Shakespeare)

100 maneras de
MEJORAR
TU FÍSICO
IDEAS, TRUCOS Y CONSEJOS PARA ESTAR EN FORMA Y CONSEGUIR UN CUERPO FITNESS

100 Maneras de mejorar tu físico

Si estás listo/a para mejorar tu programa de ejercicios, encontrar una nueva rutina o desarrollar mejores hábitos de acondicionamiento físico, estamos aquí para ayudarte.

Ya sea que necesites algo de inspiración para animar tu rutina de ejercicios, busques desarrollar nuevos comportamientos relacionados con tu salud o necesites ayuda para mantener tu motivación, lo tenemos cubierto. Aquí te presentamos 100 cosas que puedes hacer para mejorar tu estado físico y tus hábitos de ejercicio.

1. Haz de tu hogar un lugar más saludable

Ten equipo en tu hogar que esté disponible y accesible para ayudarte a hacer ejercicio. Deja tu estera de yoga para estirarte después de la cena, mantén las pesas donde puedas verlas. Usa una pelota de estabilidad en lugar de una silla. Cuantas más cosas estén disponibles, más las usarás.

2. Reconsidera tus citas

Haz que tu tiempo con tu pareja sea un evento activo en lugar de una cena sedentaria y una película. Salid y haced algo juntos para cambiar vuestros hábitos a otros más activos.

3. Diversifica

Un plan de ejercicios ideal para cualquier persona que desee tener un cuerpo fitness debería incluir de 30 a 45 minutos de entrenamiento de fuerza, más 45 minutos de ejercicio cardiovascular y de 5 a 10 minutos de ejercicios de flexibilidad.

4. Haz tu vida menos cómoda

Aumenta tu nivel de actividad caminando por más lugares, estacionando tu vehículo más lejos y evitando las escaleras mecánicas o la cinta de los aeropuertos. Cuanto más tengas que moverte para lograr tus objetivos, más activo estarás.

5. ¿Tienes hambre?

Muchas veces, buscamos picar algo cuando no estamos realmente hambrientos. La mayoría de las veces, es más probable que estés aburrido/a, tengas sed o ansiedad. Trata de distraerte, bebe un trago de agua o da un paseo rápido antes de decidir comer algo.

6. ¡Levántate y anda!

Conoce tus pasos. Usa un podómetro y establece la meta de caminar por lo menos 10.000 pasos cada día . Si necesitas motivación, puedes unirte a los desafíos de pasos en línea para mantenerte motivado/a, como los que se pueden encontrar en Facebook. Simplemente busca "desafío 10000 pasos" y descubrirá múltiples grupos. Apúntate al que más te llame la atención.

7. Sigue activo incluso cuando viajes

Si viajas mucho, asegúrate de tener un plan para hacer ejercicio mientras estés lejos de casa. Caminar y montar en bicicleta son excelentes maneras de conocer nuevos lugares, y muchos hoteles tienen gimnasios y piscinas para ayudarte a mantenerte al día con tus entrenamientos. Lleva en tu maleta de algunas bandas de resistencia y una estera de yoga para poder ejercitarte mientras estás de viaje.

8. Usa la televisión como recompensa y como pasatiempo

Si tienes un programa favorito, puedes verlo cada día cuando hagas ejercicio. Puedes ver tu serie o tu programa favorito mientras estás en la cinta de correr o en la elíptica. Si no lo haces en casa y vas a un gimnasio, descárgate tus programas en el teléfono móvil. Ya verás como el tiempo te pasará volando.

9. Haz ejercicio en tu escritorio

Usa recordatorios y aplicaciones en línea para levantarte de su silla cada 30 minutos para un descanso rápido para mover tus músculos y hacer estiramientos. Incluso estar de pie mientras estás en el teléfono es útil. Todo suma.

10. Sube el tempo

Si escuchas música con un ritmo más rápido, tu entrenamiento se intensificará. La música también te anima a hacer ejercicio por más tiempo. Configura una lista de reproducción y úsala para mantenerte motivado. Existen en internet infinidad de listas de reproducción creadas expresamente para este fin. Puedes buscar en YouTube "música motivación gym" para pillar ideas.

11. Programa tus entrenamientos

Si tienes tiempo para todo tipo de compromisos, entonces ¿por qué encuentras un hueco para tus ejercicios? Cuando planifiques tu semana, asegúrate de programar también tu tiempo para estar en forma. Es tu espacio, tu momento, e igual que tienes tiempo para dedicar a los demás, debes conseguir tiempo para dedicártelo a ti.

12. Ofrécete voluntario/a de entrenador/a

Las ligas deportivas juveniles siempre están buscando entrenadores y árbitros. Pon en práctica tus habilidades o experiencia atlética. Además, podrás entrenar junto a tus pupilos.

13. Usa a tu perro

Si tienes perro, caminar y jugar con él son excelentes razones para moverse. Si no tienes un perro, ofrécete a pasar tiempo con un vecino que lo tenga o haz de voluntario en una protectora local. Las personas con perros suelen ser más activas, ya que tiene la obligación de satisfacer las necesidades de su mascota y, por ende, de sacarlos a la calle a hacer sus necesidades y pasear.

14. Mírate

Si te miras en un espejo mientras hace ejercicio, es más probable que entrenes más tiempo y con menos esfuerzo . Mirarte a ti mismo/a hace que el ejercicio parezca más fácil. Además, verte sudando y con los músculos en tensión hace que tengas una sensación de progreso y que te sientas muy bien con lo que estás haciendo. Resumiendo, te motiva a seguir.

15. Consigue el apoyo de los demás

Es mucho más probable que cumplas con tus objetivos de acondicionamiento físico si tienes a alguien que te ayude. Un compañero o una compañera de entrenamiento hará que te sientas con la obligación moral de entrenar y puede hacer que los entrenamientos sean más divertidos. Si no tienes amigos cercanos con objetivos similares, únete a una comunidad en línea donde podáis trabajar juntos.

16. Usa tu teléfono

Hay cientos de aplicaciones de entrenamiento disponibles hoy para ayudarte a crear nuevos entrenamientos, mantenerte motivado/a y brindarte información. Aquí te dejamos el top

10: Runtastic, Runkeeper, Endomomo, MyFitnesspal, Freelitics, Nike+ running, Skimble Entrenador Personal, Sports Tracker, Pushups workout y Runastic Pedometer.

Para entrenamientos HIIT (Entrenamiento de Intervalos de Alta Intensidad) también existen múltiples aplicaciones que te ofrecen una sesión completa en 7 minutos. Algunas de ellas son The Jhonson & Jhonson Official 7 minute Workout App (en inglés), Seven 7 minutos de ejercicios (en castellanos), Tabla de 7 minutos (en castellano), 7 minute workout – quick fit (en castellano y varios idiomas), etc. Como ves, opciones no te faltan. ¡Sácales provecho!

17. Intenta hacer estallidos cortos de ejercicio

Si no puedes encontrar el tiempo para entrenamientos más largos, o si estás buscando cambiar tu rutina, hacer que tu corazón se acelere en períodos cortos puede tener tantos beneficios como entrenamientos más largos y menos agotadores. Prueba carreras de velocidad, saltar a la comba u otras actividades de ritmo rápido en ráfagas cortas.

18. Usa tu peso corporal

El entrenamiento de fuerza te ayuda a quemar más calorías y perder grasa. Usa tu propio peso corporal como resistencia para obtener un entrenamiento altamente efectivo sin ningún equipo. Puedes encontrar multitud de rutinas en, cómo no, en YouTube, simplemente buscando "ejercicios de musculación sin pesas".

19. Come limpio

Comer alimentos reales es la forma más nutritiva de alimentar tu cuerpo. Evita los alimentos procesados y envasados. En su lugar come verduras, carbohidratos complejos, proteínas completas y frutas. Estos alimentos te proporcionarán todo lo que necesitas para aprovechar al máximo tus objetivos de acondicionamiento físico.

20. Prueba el *cross-training* (entrenamiento cruzado)

El cross-training es una forma de mezclar tus entrenamientos y mantener tu cuerpo adivinando. Una cosa que puede matar tu motivación para hacer ejercicio es la rutina. Prueba un tipo diferente de entrenamiento cada día durante una semana. Mézclalos e intercámbialos para mantenerte interesado y motivado.

21. Relájate

El entrenamiento y las sesiones físicas son importantes, pero llevar un estilo de vida relajado y libre de estrés ayuda a sacar lo mejor de ti mismo a nivel físico y mental. Pasar tiempo con la familia y amigos te ayuda a relajarte y a mantener una actitud positiva.

22. Prueba el HIIT

El entrenamiento de intervalos de alta intensidad, también conocido como HIIT, es una forma efectiva de desarrollar músculos y quemar grasa. Los intervalos cortos de actividad intensa, seguidos de períodos de descanso más prolongados, pueden hacer que tu corazón bombee. Descubre la cantidad de rutinas HIIT que puedes realizar, incluso en tu casa, y prueba el que más te guste y/o se adapte a tu condición física y a tus limitaciones. De nuevo, ve a YouTube y busca "rutina HIIT" o "rutina HIIT en casa" para obtener una amplia gama de opciones.

23. Es un estilo de vida, no una moda

Cambia tu mentalidad acerca estar en forma. No es una moda pasajera, ni algo temporal. Debe ser un hábito de toda la vida. Si realmente deseas aumentar su bienestar físico, debes adoptar el deporte como algo que harás por el resto de tu vida, no solo ahora. No estás a dieta; estas viviendo una vida sana.

24. Contrata un entrenador personal

Cuando se te hayan agotado las ideas sobre cómo mejorar tus entrenamientos o si tienes problemas para comenzar, contrata a un entrenador personal. Cuando quieres mejorar en algo, te buscas a alguien que te enseñe, ¿no? Pues con tu físico pasa exactamente lo mismo. Si quieres aprender o mejorar en algo, contrata un preparador físico.

25. Practica tu diálogo interno

Asegúrate de estar de tu lado usando un diálogo interno positivo para motivarte y alentarte en tus nuevas elecciones de estilo de vida. Si cometes un error, analiza lo que sucedió, pero luego continúa. No te castigues. Mantente positivo para mantenerte enfocado.

26. Haz cuestas

Si te gusta caminar, correr o montar en bicicleta, subir pendientes algunos días a la semana es una excelente manera de combinar el trabajo cardiovascular con el entrenamiento de fuerza. Si quieres estar en forma, tienes que trabajar esos pulmones y corazón, y las subidas son una excelente manera de hacerlo.

27. Sube la intensidad

Si sigues haciendo el mismo entrenamiento, obtendrás los mismos resultados. Si quieres que las cosas progresen, debes aumentar la intensidad de tu actividad. Cambia la velocidad, la duración, la potencia o el esfuerzo para lograr nuevos resultados de la misma actividad.

28. Deja de leer y empieza a hacer

Si se estás embarcando en un nuevo viaje fitness, puedes sentir que todo lo que haces es leer y ver videos relacionados con la dieta y el ejercicio. Puedes dedicar horas a la planificación de comidas y la planificación de ejercicios. Deja el teléfono móvil o el portátil y empieza a hacer algo. No te preocupes si tu plan no está completamente configurado. Solo sal ahí fuera y comienza.

29. Registra tus entrenamientos

Registra lo que haces todos los días. Con el tiempo, verás cómo estás acumulando resistencia y fuerza, que son signos de progreso. Si no ves cambios, entonces necesitas cambiar tus entrenamientos. Cuantos más datos tengas, más fácil será saber qué tan bien están funcionando las cosas.

30. Mantenlo fresco

Cambiar tus actividades es una excelente manera de mantenerse involucrado y no perder el interés. Cada seis a ocho semanas, intenta cambiar lo que haces regularmente. Agrega algunas actividades nuevas para asegurarte de que no te aburras y renuncies.

31. Estira

Trabajar en la movilidad es tan importante como la fuerza y la resistencia. Estirar antes y después de cada entrenamiento es esencial, tanto como cuando has estado sentado durante largos períodos. Las actividades como el yoga combinan el trabajo de fuerza con la movilidad, así que considera hacerlo unos pocos días a la semana.

32. Combina cardio y entrenamiento de fuerza

No tiene que ser uno u otro. El trabajo en circuito es una excelente manera de combinar el levantamiento de pesas y el entrenamiento de resistencia con correr, saltar la cuerda y otras actividades cardiovasculares. Obtendrás los beneficios de ambos en un único entrenamiento.

33. Trabaja en tu fuerza

Muchas personas no se dan cuenta de la importancia de desarrollar músculo en el estado físico. Si quieres ser un corredor más rápido, un mejor ciclista o andar por más tiempo, levantar pesas puede ayudar. Construir músculo mejora tu salud general y te ayuda a lograr todos tus objetivos de acondicionamiento físico.

34. Recibe un masaje

Si usas tu cuerpo con regularidad y lo sometes a presión para desarrollar músculo, te beneficiaría un masaje regular. Un masaje deportivo te ayudará a relajarte, así como a reparar los tejidos y estimulará el flujo de sangre a los músculos y tendones. El masaje mejora tu rendimiento y también te ayuda a sentirte mejor.

35. Cómete tus vegetales

Los minerales, vitaminas y fibra en las plantas son necesarios para respaldar tus objetivos de acondicionamiento físico. Estos alimentos le brindan energía esencial y suministran a tus músculos y tejidos todos los nutrientes que necesitan para rejuvenecer y fortalecerse. No puedes ponerte en forma con una mala alimentación.

36. Trabaja movimientos compuestos

Los movimientos que imitan las actividades de la vida real son preferibles a los que trabajan un músculo de forma aislada. En ejercicios como las flexiones y sentadillas se trabajan varios músculos y requieren diferentes movimientos, mientras que los levantamientos de piernas realmente solo hacen una cosa.

37. Calienta

Antes de comenzar su entrenamiento, calienta siempre. Tus músculos necesitan la oportunidad de beneficiarse del flujo sanguíneo para mantenerse flexibles. El calentamiento reduce la posibilidad de lesiones y te permite aprovechar al máximo tus entrenamientos.

38. Haz que sea una prioridad

Muchas personas usan la excusa de "No tengo tiempo" para descuidar sus objetivos de acondicionamiento físico. Todos tenemos el mismo número de horas cada día. ¿De qué otra manera estás gastando tu tiempo? Se creativo/a, haz una cita contigo mismo/a, deja de lado otros compromisos, pero hazte un hueco en tu agenda para ti mismo/a.

39. Mantente hidratado/a

Tus músculos necesitan mucha agua para mantenerse saludables, y cuando haces ejercicio, todo tu cuerpo necesita hidratación. Mantente alejado de las bebidas deshidratantes como los refrescos y el café, y quédate con el agua. Apunta por lo menos a 2 litros diarios, más si estás entrenando al aire libre o tienes una sesión intensa.

40. Deshazte de las opciones insalubres

Limpia tus armarios y tu nevera y deshazte de todas las opciones poco saludables que hay en tu casa. Si no está allí, no puedes comerlo. No tendrás que resistir la tentación si no hay nada que te tiente.

41. Deja ir el pasado

Sea cual sea tu estado físico o tus errores de salud del pasado, están en el pasado. Vive el ahora. ¿Cuál es tu plan hoy? ¿Qué vas a lograr que sea bueno para tu salud? Comienza hoy y deja que el pasado se quede atrás de ti.

42. Rinde cuentas

Si no tienes un compañero de entrenamiento que te mantenga en tu compromiso diario, haz un contrato en línea. Muchos sitios web y aplicaciones móviles te ayudarán a crear un plan de incentivos, incluidos los castigos por los objetivos fallados, que pueden ayudarte a rendir cuentas de tus objetivos declarados.

43. Elige actividades que disfrutes

Esto parece una obviedad, pero muchas personas parecen pensar que el ejercicio es simplemente ir al gimnasio o correr. Hay tantas formas de obtener actividad en tu vida... Así que encuentra las que te gusten. ¿Odias correr? Intenta nadar. ¿No te gusta el gimnasio? Haz ejercicio en casa o en el exterior. ¿No te gusta entrenar solo? Apúntate a una clase. Encuentra lo que te gusta y serás más propenso a seguirlo.

44. Sé paciente

El cambio lleva tiempo, y eso nunca es más cierto que cuando se trata de desarrollar nuevos hábitos de acondicionamiento físico. Sé paciente contigo mismo/a, ya que no te desharás de los malos hábitos de la noche a la mañana. Mantente comprometido durante al menos 30 días para comenzar a notar los resultados y disfrutar de los beneficios, y luego verás que ya ha comenzado a convertirse en un nuevo hábito.

45. ¿A qué esperas para empezar?

Siempre hay un día festivo, unas vacaciones, una celebración o alguna otra razón por la que ahora no es el mejor momento para comenzar una nueva rutina. Pero, hoy es el mejor día para hacerlo. No esperes hasta después de las vacaciones, no empieces después de regresar de las vacaciones. Empieza ahora. Empezar hoy.

46. Explora actividades divertidas

Lo más importante es que muevas tu cuerpo, así que tal vez no necesites ir al gimnasio para hacerlo. ¿Qué tal kayak? ¿Has ido a alguna una caminata últimamente? Tal vez vayas hoy al trabajo en bicicleta. Prueba cosas nuevas y divertidas que nunca hayas hecho antes y explora nuevos pasatiempos para encontrar formas creativas y atractivas de moverte y mantenerte en forma.

47. El ejercicio lo primero

La mayoría de las personas descubren que, una vez que entran en una rutina, hacer ejercicio a primera hora de la mañana es el mejor momento para ellas. Esto hace que su entrenamiento termine antes de que empiece su agitado día. Te quedas sin excusas para no hacerlo cuando tienes todo el día por delante. Y significa que puedes programarlo antes que todos tus otros compromisos.

48. Prométeselo a alguien

Si has aceptado entrenar con otra persona, es mucho más probable que te presentes y lo hagas que si estás solo/a. Haz una promesa a otra persona por lo menos durante seis semanas a medida que desarrolles nuevos hábitos. Tal vez sea tu cónyuge o pareja, o tal vez sea un amigo del trabajo. Encuentra a alguien que pueda coincidir con tu horario y haced un plan juntos.

49. No te vayas a casa todavía

Si te saltaste el entrenamiento de la mañana, asegúrate de hacer ejercicio antes de ir del trabajo a casa todos los días. Lo más probable es que, si subes a cas, ya no vuelvas a salir para hacer ejercicio. Encuentra un gimnasio de camino a casa, lleva ropa de entrenamiento en el coche, pero hazlo antes de llegar a casa todos los días.

50. Haz tus comidas

Cuando sales a comer, pierdes el control sobre los ingredientes de tu comida. Cocinar tu mismo/a significa que puedes controlar el tamaño de las porciones, el aceite y otros ingredientes que deseas vigilar. Lleva tu almuerzo tan a menudo como puedas, también.

51. El ejercicio no es negociable

Si piensas que el ejercicio es algo que debes tener cada día, como el agua o el sueño, es menos probable que no lo hagas. Cambia tus pensamientos sobre el papel que el ejercicio debe tener en tu vida y cambiará la forma en que consideras sacar tiempo para entrenar.

52. Entrena aunque estés cansado/a

Hacer ejercicio es difícil, y cuando no tienes energía, es difícil decidir hacerlo. Pero el ejercicio realmente te da energía, así que si te saltas el ejercicio, solo te estás haciendo sentir peor. Si estás cansado, ese es el momento perfecto para hacer ejercicio, ¡así que comienza!

53. Controla tus indicadores de progreso

Además de tu peso y del ajuste de tu ropa, hay muchos indicadores para observar que te indican que estás progresando. ¿Estás durmiendo mejor? ¿Puedes trabajar más tiempo sin cansarte? ¿Eres capaz de pensar más claramente? ¿Tienes más energía? Presta atención a todos los signos sutiles y no tan sutiles de que tus esfuerzos están dando sus frutos.

54. Atente a un horario

Averigua cuál es el momento ideal para ejercitarte y apégate a ese horario. Cuando se convierte en parte de tu día a día, es más probable que vayas y lo hagas.

55. Roma no se construyó en un día

No quieras obtener resultados inmediatos. Esfuérzate en cada sesión de entrenamiento e intenta superarte un poco cada día. Y olvídate de los productos milagrosos que te ofrezcan, y aun más si son algún tipo de drogas. Pueden ser más los perjuicios que los beneficios. El secreto no es otro que la constancia y el sacrificio.

56. Recompénsate

A medida que comiences a progresar, recompensa tus esfuerzos. Reconocer tu arduo trabajo significa que es más probable que te mantengas motivado/a y que repitas tus comportamientos recién formados. Sin embargo, asegúrate de que tu recompensa no te haga retroceder en el apartado de acondicionamiento físico. Conviértelo en algo que te ayude a mantenerte en tu nuevo disfrute del ejercicio. Cómprate unas nuevas zapatillas de deporte o unos guantes para las pesas, organiza una salida en kayak o apúntate a una clase de submarinismo, a una *master class* de defensa personal o a un curso de un día de fotografía al aire libre. Tu imaginación es el límite.

57. Haz un plan, luego actúa

Una vez que hayas determinado tu objetivo de acondicionamiento físico, necesitas un plan sobre cómo deseas llegar a donde quieres estar. Esto te ayuda a no perder tiempo y aprovechar al máximo tus esfuerzos de ejercicio. Cuando vayas al gimnasio, debes saber lo que quiere lograr. Cuando planifiques tu semana, tienes que saber cuántos días entrenarás y qué harás. Tener un plan hace que sea más difícil "olvidar" hacer lo que sabes que debes hacer.

58. Perfecciona tu técnica

Al hacer ejercicios, especialmente levantar pesas, es esencial usar la forma adecuada. Usar una buena forma te mantiene a salvo de lesiones y hace que tus entrenamientos sean lo más efectivos que puedan ser, lo que significa que tienes que trabajar menos para lograr tus objetivos.

58. Vigila tus raciones

Comer menos es más fácil cuando usas platos y utensilios más pequeños. Usa sus platos y cubiertos normales en lugar de piezas más grandes. Si te comes esa porción y aún tienes hambre, puedes comer más tarde.

59. Las agujetas no son un indicador de haber hecho un entrenamiento eficaz

El tengas agujetas al día siguiente no significa que hayas hecho un buen entrenamiento. La cantidad de dolor depende de la persona, de cómo tu cuerpo responda al ejercicio.

60. Pide ayuda

Si estás intentando hacer un nuevo movimiento en el gimnasio o quieres aprender cómo hacer un mejor uso del equipo, pide ayuda. Recibe el consejo de un entrenador o un amigo bien informado. No te arriesgues a hacerte daño haciendo algo incorrectamente.

61. Evita las golosinas

No te recompenses por un gran entrenamiento con calorías innecesarias. El hecho de que hayas tenido una gran carrera no significa que siempre debas recibir un premio rico en calorías. Si quieres algo dulce, opta por un chocolate negro de calidad u otro bocado de menos de 200 calorías.

62. Comparte tu historia

Cuanta más gente sepa que estás tratando de hacer cambios en tu estilo de vida y te estás embarcando en una búsqueda de hábitos nuevos y más saludables, más ayuda tendrás. Comparte tu historia con tantas personas como desees, incluso a través de las redes sociales o incluso de un blog. Encontrarás un amplio apoyo de otros que se están enfrentando o se han enfrentado desafíos similares.

63. Céntrate en estar en forma

Establecer metas realistas es una parte esencial de tus hábitos de acondicionamiento físico. Si bien a todos nos encantaría tener unos abdominales marcados y nada de celulitis, eso puede no ser realista para tu cuerpo. La perfección se puede lograr pero ¿a qué precio? Mejor céntrate en ser una versión más en forma de ti mismo/a, en lugar de luchar por una perfección inalcanzable (al menos en las etapas iniciales). No hay nada malo en pensar a lo grande, pero siendo realistas y yendo paso a paso. Los cuerpos de anuncio requieren un sacrificio extra. ¿Hasta dónde estás dispuesto/a a llegar?

64. No hagas multitasking

Cuando estés haciendo ejercicio, enfócate solo en eso. ¿Cómo se siente tu cuerpo? ¿Cuáles son tus objetivos para esta semana? Si intentas responder correos electrónicos en la cinta de correr, es posible que no estés trabajando lo suficiente. Céntrate en lo que estás tratando de lograr y tendrás un mejor entrenamiento.

65. Reduce el consumo de sal

La sal favorece la retención de líquidos y la absorción de glucosa en el intestino, con el consiguiente aumento de peso y volumen corporal. Además, puede aumentar la presión arterial con las consecuencias que eso conlleva. No deberías superar los 2,5 - 5 gramos al día, lo que equivale a media/una cucharita pequeña.

66. Prueba algún equipamiento nuevo

¿Atrapado en una rutina? Prueba una nueva clase, vea de qué trata el entrenamiento con *kettlebells* o busca algo nuevo y divertido en tu gimnasio. Si quieres que el ejercicio físico sea un hábito, debes seguir aprendiendo y probando cosas nuevas.

67. Hay vida más allá de un gimnasio

Si no te gusta ir al gimnasio ¿por qué no hacer ejercicio afuera? O en casa. También hay muchas clases de ejercicios en tu comunidad. No tienes que ir a un gimnasio para ponerte en forma. Busca tu alternativa preferida.

68. Corre rápido

Si no te gusta correr o no dispones de mucho tiempo, debes saber que realizar 10 sprints cortos de 30-60 segundos pueden producir los mismos resultados que en una carrera más larga. Agrega algunas subida y carreras cortas pero intensas y obtendrás un entrenamiento rápido pero intenso.

69. Come despacio

Los que comen más lento tienen un IMC más bajo. Se consciente de cada bocado que tomes, y disminuye la velocidad para masticar cada bocado con cuidado y en profundidad. De esta manera, también darás tiempo a tu cerebro a recibir la señal de que estás saciado/a y no acabarás comiendo en exceso.

70. Crea tu propio circuito

Intenta mezclar el entrenamiento cardiovascular y de fuerza creando tu propio circuito en casa. Combina movimientos de cardio de alta intensidad con pesas, entrenamiento de resistencia y movimientos como sentadillas y burpees.

71. Objetivo: al menos 30 minutos

Las recomendaciones más recientes sobre acondicionamiento físico dicen que aquellos que intentan prevenir el aumento de peso después de perder kilos de más deberían hacer al menos 60 minutos de ejercicio al día, pero existen muchas pruebas que confirman que aquellos que intentan mantener o aumentar su estado físico pueden hacerlo con solo 30 minutos de ejercicio al día. Intenta estar en un lugar intermedio, y estará a salvo.

72. No olvides descansar

El sobreentrenamiento es un tema crucial. Tu cuerpo necesita tiempo para descansar y repararse después de los entrenamientos. Asegúrate de que estás programando días de recuperación entre entrenamientos de alta intensidad. La recuperación activa también puede incluir estiramientos, yoga y otras actividades de bajo impacto.

73. Habla con tu médico

Tu médico debe estar al tanto de cualquier plan de ejercicios que tengas para asegurarse de que estás tomando las mejores decisiones para tu salud y tu nivel de condición física actual.

74. Empieza poco a poco

Si no has hecho ejercicio por un tiempo, comienza con poco. Camina cada día, aumentando tu tiempo y ritmo gradualmente. Ve por las escaleras. Una vez que hayas mejorado tu resistencia, comienza a trabajar en más actividad.

75. "Corpore sano in mens sana"

Lo sabemos. Lo hemos escrito del revés. Pero es que para obtener un rendimiento óptimo a nivel físico debemos aprender a entrenar la mente así como el cuerpo. La fuerza mental es tan importante como la fuerza física y ayuda a alcanzar nuestras metas. Así pues, la meditación, la visualización y las afirmaciones positivas te van ayudar muchísimo a la hora de fortalecer tu mente y prepararla para que tu cuerpo rinda más y mejor.

76. Conecta el ejercicio al placer

Los hábitos que perduran son aquellos que asociamos con cosas positivas. Si encuentras que el ejercicio es miserable, no lo convertirás en un hábito duradero. Encuentra maneras de ver lo positivo en tus nuevos hábitos de acondicionamiento físico. Tal vez sea pasar tiempo afuera, o tal vez estés solo con tus pensamientos. Tal vez sea escuchar música nueva regularmente. Encuentra lo positivo y asocia eso con tus objetivos de acondicionamiento físico, y es más probable que se mantengan.

77. Come al aire libre

No, no te estamos sugiriendo que salgas a comer todos los días, pero cuando lleves tu almuerzo, sal a caminar a algún lugar para comer, no te limites a sentarte en tu escritorio todo el día. Sal al exterior y disfruta también de un poco de sol.

78. Planifica más tiempo de ocio activo

Estar sentado frente al televisor todo el fin de semana puede haber sido tu hábito anterior. Es hora de desarrollar algunos nuevos. Planea más actividades cada fin de semana. Incorpora el ejercicio a tu tiempo con tus seres queridos y amigos. En lugar de reunirse para cenar, haz una caminata en grupo. En lugar de una película, alquila una barca y rema.

80. Come más comidas

En lugar de comer tres comidas más grandes cada día, apunta a tres comidas más pequeñas y dos meriendas. Esto te ayudará a mantener un nivel de azúcar en la sangre más uniforme, evita que tome malas decisiones y te brinda la energía que necesitas para ejercitarse.

81. Ten la ropa de entrenamiento lista

Cuanto más fácil sea hacer ejercicio, más probable será que lo hagas. Prepara tu equipo la noche anterior para que no tengas excusas por la mañana. Cuanto menos tengas que pensarlo, más fácil será hacerlo.

82. Establece recordatorios

Usa recordatorios, mensajes de texto, correos electrónicos y otras aplicaciones para enviarte recordatorios para caminar, estirar, beber agua, sea lo que sea que estés tratando de mejorar.

83. Despacito y buena letra

Cuando recién comienzas, no te preocupes por la intensidad. Tu cuerpo necesita acostumbrarse a este nuevo nivel de actividad. El mero hecho de haber empezado a hacer algo ya es suficiente. Después de unas semanas, comenzarás a notar que te resulta más fácil, que es cuando es hora de aumentar tu tiempo e intensidad.

84. Simplemente, sal por esa puerta

Cuando estés realmente desmotivado, simplemente ponte tu ropa de entrenar y sal por la puerta. No te preocupes por cuánto tiempo o qué tan difícil crees que será, simplemente empieza. Una vez que pasas ese primer bloqueo mental, el resto es fácil.

85. Haz algo todos los días

Sí, la recuperación es importante. Pero, cuando estás creando nuevos hábitos, la consistencia es clave. Por lo tanto, incluso en los días en que no estés entrenando para una sesión completa, haz algo. Sal a caminar, estira, medita. Pero haz algo relacionado con tu estado físico todos los días durante los primeros meses.

86. Entrena para algo

Tener un objetivo es esencial, y la capacitación para un evento es una excelente manera de mantenerse motivado, además, existe la presión adicional de una fecha límite para estar listo. Tal vez no empieces con correr una maratón. Pero, caminar una media maratón es una gran meta, o correr una 5K. Mira qué eventos se están preparando en tu zona e inscríbete en el que creas que sería más accesible y divertido para ti.

87. Dale ocho semanas

Mientras que muchas personas se adhieren a la regla de los 21 días para crear un hábito, muchas investigaciones nos dicen que para los hábitos más exigentes un cambio real y duradero lleva mucho más tiempo. Comprométete con tus nuevos objetivos de acondicionamiento físico durante al menos ocho semanas para desarrollar tus nuevos hábitos, vivir con ellos en momentos de estrés y sorpresas y encontrar tu ritmo.

88. Sé disciplinado/a

No te saltes un día. Si tenías planeado entrenar hoy, no lo omitas. Cuando decides omitirlo, es como saltarte cualquier otro hábito saludable. ¿Con qué frecuencia dirías: "Creo que me saltaré el cepillado de los dientes hoy?" o "Creo que me saltaré el uso del cinturón de seguridad". Hazte una promesa y apégate a ella mientras estás formando nuevos hábitos.

89. Encuentra tu motivación intrínseca

Encuentra tu personalidad a la hora de ejercitarte. Algunas personas realmente están motivadas por desafíos o competiciones, mientras que otras están motivadas por su propio progreso. A algunos les encanta probar cosas nuevas todos los días, mientras que otros disfrutan de la misma rutina con pequeños ajustes. Tal vez solo te gusta la satisfacción de borrarlo de tu lista todos los días. Encuentra cuál es tu factor motivador y juega con él.

90. Establece metas de rendimiento

Si deseas realizar un cambio duradero, concéntrate en lograr objetivos de rendimiento en lugar de objetivos de resultados. Cuando estableces resultados, y luego los logras, puedes perder la motivación. Establecer metas de proceso te ayuda a construir una relación más fuerte con el hábito.

91. El ejercicio no es un castigo

No hagas ejercicio para compensar otros malos hábitos. No hagas ejercicio únicamente para compensar las malas elecciones de alimentos o la cantidad de estrés en tu vida. El ejercicio es bueno por si mismo.

92. No te compares con los demás

Una de las razones por las que las personas evitan el gimnasio es que está lleno de personas en forma. Cuando no estás tan en forma (todavía), puede ser intimidante. Pero, ¿adivina cómo se ponen en forma? Lo adivinaste. Deja de compararte con los demás, y descubrirás que estás aprendiendo un hábito saludable que algún día hará que otros también se pongan verdes de envidia.

93. Deja de beberte las calorías

Si estás cargando peso adicional, lo primero que puedes hacer para ayudar a tu estado físico es dejar de tomar bebidas azucaradas y otras bebidas con alto contenido de azúcar, como los zumos. Por lo general, no nos damos cuenta de la cantidad de calorías que podemos llegar a consumir en un día en estado líquido. Las bebidas azucaradas pueden tener hasta 150 calorías. Así que con que te bebas simplemente tres refrescos puedes estar consumiendo hasta un tercio de las calorías que necesitas diariamente. Resumiendo, ¡No te bebas las calorías! Mejor cómetelas con opciones saludables y saciantes.

94. Ten un plan

Cuando salgas a comer, cuando viajes o cuando tu rutina diaria se vea perturbada de alguna manera, ten un plan. Debes saber qué quieres comer, cuál es tu plan para hacer ejercicio cuando estás de viaje y llevar siempre un tentempié saludable, en caso de que te quedes sin opciones. Tener un plan hace que sea más fácil cumplir tus promesas.

95. Come más fibra

Llenarte de alimentos ricos en fibra te hace sentir lleno por más tiempo, lo que significa que es probable que comas menos. La fibra también mejora tu metabolismo.

96. Lleva tu rutina a rajatabla

Cuando estés desarrollando nuevos hábitos, encuentra aquellos que te funcionen y cúmplelos solo durante el primer o segundo mes. Una vez que tengas más comportamientos arraigados, puedes comenzar a desviarte. Pero, la repetición es tu amiga en los primeros días del desarrollo de nuevos hábitos.

97. Come más plantas

Las frutas y verduras deben comprender al menos la mitad de cada comida. Esto te proporcionará fibra, nutrientes y energía para tus actividades, además de evitar que comas otras opciones menos saludables.

98. Pasa de los envasados

En lugar de buscar alimentos preparados y empacados, que te dejan menos satisfecho/a después de comerlos, opta por alimentos completos hechos con ingredientes reales e integrales. A parte de ser más sanos, son mucho más saciantes.

99. Elige ejercicios que sean funcionales

En lugar de hacer movimientos al azar, enfócate en actividades funcionales. Encuentra actividades, como los deportes, que imitan las acciones del mundo real si deseas desarrollar un estado físico funcional que te ayude a disfrutar de su vida diaria. De hecho, hoy en día existen gimnasios donde puedes entrenar lo que se conoce como Entrenamiento Funcional (*Functional Fitness*), ideal para desarrollar las cualidades físicas necesarias para llevar a cabo cualquier actividad diaria. Incluso existen rutinas para hacer en casa, al aire libre, individualmente, en parejas o en grupo. Te sugerimos las siguientes búsquedas en YouTube: "Entrenamiento funcional", "Entrenamiento funcional en casa", "Entrenamiento funcional al aire libre", "Entrenamiento funcional en parejas", "Entrenamiento funcional en grupo".

100. Diviértete

No seguirás haciéndolo si no lo disfrutas, así que busca maneras de hacer que el ejercicio sea placentero para ti.

La aptitud física no es solo una de las claves más importantes para un cuerpo sano, sino que es la base de una actividad intelectual dinámica y creativa. (John F. Kennedy)

100 maneras de
MEJORAR
TU BIENESTAR
EMOCIONAL
IDEAS, TRUCOS Y CONSEJOS PARA
VIVIR CON PLENITUD Y SER MÁS FELIZ

100 maneras de mejorar tu bienestar emocional

Cuando hablamos de bienestar, no nos referimos solo al bienestar mental o físico. El bienestar emocional es una parte vital de nuestra salud en general, y la atención a esta parte de nuestra vida siempre debe ser una prioridad.

Ser más conscientes de nuestros sentimientos y saber cómo manejarlos nos ayuda a ser mejores personas, a alcanzar nuestras metas, a tener una vida más plena y a ser más felices.

A continuación, te proponemos 100 cosas que puedes hacer para promover tu bienestar emocional y lograr un equilibrio personal total.

1. Cultiva tu autoestima

Tu autoestima es lo que sientes por ti mismo/a y si piensas si te mereces o no cosas buenas en la vida. Proteger y reforzar esta parte de tu psique es esencial para tu bienestar emocional.

2. Sé realista

Cuando tienes expectativas demasiado altas para ti mismo/a, te preparas para el fracaso. Establecer el listón demasiado bajo significa que te estás conformando con menos de lo que mereces. Enfócate en desarrollar metas y expectativas realistas que te conduzcan a la felicidad y la paz interior.

3. Duerme lo suficiente

El sueño te proporciona energía, pero también contribuye a tu capacidad para controlar tus emociones y regular tu estado de ánimo.

4. Medita

La meditación no solo es eficaz para aliviar el estrés, sino que también te permite ponerte en contacto con tu estado emocional e identificar problemas potenciales. Practicar la meditación regularmente puede enseñarte a hacerte un chequeo y enfocarte en lo que necesitas.

5. Haz yoga

El yoga es otra actividad para aliviar el estrés que es excelente para la mente, las emociones y el cuerpo. El yoga relaja los músculos, te conecta contigo mismo/a y te enseña la atención plena (*mindfulness*). Treinta minutos tres veces por semana es una rutina óptima.

6. Comparte tu vida con alguien

Aquellos que tienen pareja desde hace mucho tiempo experimentan más alegría y satisfacción en la vida al compartir su tiempo con alguien que aman. Tener un compañero o una compañera que te haga feliz puede incluso ayudarte a vivir más tiempo.

7. Acéptate a ti mismo/a y a tus emociones

Como seres humanos, somos capaces de sentir muchas emociones. El bienestar emocional significa que eres capaz de experimentarlas todas, no solo las positivas. Siente tus emociones, no luches contra ellas. Esto mejora tu capacidad para procesarlas a fondo y avanzar.

8. Suelta tu ira

El resentimiento, los rencores y la ira por el pasado solo te frenan, no te levantan. Liberar estas emociones te permite aceptar lo que sucedió, reconocer lo que aprendiste de la experiencia y luego seguir adelante sin toda la energía tóxica que te frena.

9. Sé optimista

El bienestar emocional abarca todas las emociones, pero detenerse en lo negativo puede tener efectos perjudiciales. El optimismo es una perspectiva saludable para adoptar, ya que te enseña cómo encontrar soluciones y reconocer que todas las situaciones malas cambiarán algún día.

10. Evalúa tus prioridades

Si te sientes mal emocionalmente, puede ser el momento de examinar lo que crees que es importante en la vida y dejar de lado las actividades y prioridades que no están alineadas con esas creencias.

11. Aquí y ahora

La práctica de la atención plena (*mindfulness*) te enseña a centrarte en el presente, lo que te ayuda a dejar de lado el dolor del pasado y preocuparte por el futuro. Aprender a vivir en el presente puede aumentar tu bienestar emocional y su felicidad en general.

12. Sé más consciente de tus sentimientos y pensamientos.

Muchos de nosotros prestamos poca o ninguna atención a nuestros pensamientos o cómo nos comunicamos internamente con nosotros/as mismos/as. El primer paso para el bienestar emocional es ser consciente de tus emociones. Presta atención a tus estados de ánimo, a los factores que los provocan y cómo esos estado de ánimo afectan a tu comportamiento. Ser conscientes de ello implica una mejor comprensión.

13. Ríete

El humor y la risa son terapéuticos. La risa te ayuda a liberar emociones reprimidas y reduce el estrés. Pon sentido del humor a tu vida, y aprenderás a encajar mejor los golpes y a encontrar un mayor equilibrio emocional.

14. No tengas miedo de pensar en tu mortalidad

Cuando piensas en tu propia muerte, es más probable que aceptes oportunidades en el presente y tomes decisiones más saludables hoy. Nadie aboga por que pienses en la muerte todo el tiempo, pero no trates de fingir que no va a suceder.

15. Establece metas realistas para lograr tus sueños

Tener metas y trabajar para alcanzarlas es maravilloso para tu autoestima. Descubre lo que realmente quieres, crea un plan y empieza a trabajar para conseguir lo que deseas lograr.

16. Hazte con una mascota

Tener una mascota te puede ayudar a disminuir tu presión arterial, así como contribuir a tu felicidad en general y sentido de propósito. Las mascotas son compañeros que reconfortan y dan alegría a sus dueños.

17. Supera el rechazo

Ser rechazado puede causar un tipo de dolor que nuestras mentes registran igual que un dolor físico. Para recuperarte de esto, debes recordarte todo lo que tienes que ofrecer al mundo. Concéntrate en tus fortalezas y rasgos positivos, e incluso haz una lista de estos para recordarte que eres digno/a y valioso/a.

18. Mira al futuro

Vivir en el presente es importante, pero siempre debes tener una parte de tu mente enfocada hacia el futuro. Mirar hacia atrás no tiene ningún propósito en la vida, ya que lo que sucedió no puede deshacerse, pero mirar hacia adelante significa que tienes planes, puedes establecer metas y tienes un propósito para continuar avanzando.

19. Déjate sorprender

Cuando buscas actividades que te inspiran o te impresionan, colocas tus emociones y tu yo en una perspectiva del mundo más grande y sus complejidades. Observa el cielo nocturno, nada en el mar o camina por un museo entre obras maestras y verás cuán pequeñas son tus preocupaciones.

20. Mantente conectado/a

Conectar con otras personas de manera significativa es una forma de mantenerse emocionalmente saludable. No tienes que ser extrovertido/a para tener conexiones significativas con otros. Tener muchos amigos o solo algunos no importa, siempre y cuando busques oportunidades para interactuar con ellos regularmente.

21. Acepta el cambio

El cambio es algo de lo que no puedes escapar y, en lugar de ser algo que temer, debes tomarlo como una oportunidad para aprender y crecer. Resistirse al cambio puede dejarte frustrado/a y, de todos modos, todavía tienes que lidiar con el cambio cuando inevitablemente sucede. Omite la parte emocionalmente agotadora y acepta que el cambio puede ser un evento bienvenido.

22. Usa la aromaterapia

Aplicar o frotar aceites esenciales sobre la piel o la ropa de cama puede ayudarte a relajarte y manejar tus emociones con mayor eficacia.

23. Escucha música

La música es una fuerza poderosa para influir en tu estado emocional. La música puede relajarte o energizarte, y hacer que sea una parte regular de tu vida te ayuda a usarla para expresar tus emociones, así como a lidiar con aquellas que son difíciles o desafiantes.

24. Supera el fracaso

El fracaso puede hacer que te sientas desesperanzado/a o indigno/a del éxito. Para defenderte, examina tus metas, cómo se torcieron tus esfuerzos y qué puedes aprender de la situación. El fracaso es una oportunidad para aprender de la retroalimentación. Ese intento no funcionó, así que sabes qué hacer diferente la próxima vez. Estancarse en los fracasos no es emocionalmente saludable, así que analiza lo que sucedió y luego sigue adelante.

25. Céntrate en el viaje

Aquellos que tienen bienestar emocional tienen

más probabilidades de ver la vida y sus muchas experiencias como un viaje en el que se experimenta en lugar de como un destino al que llegar. La vida se trata de los muchos millones de cosas que te suceden y de cómo permites que te influyan, no de lo que lograste al final. Disfruta del viaje.

26. Mantén un diario

Escribir tus pensamientos y preguntas es una excelente manera de reflexionar sobre tu estado emocional e identificar las áreas de enfoque. Los diarios son una excelente herramienta terapéutica para superar las emociones difíciles y para registrar tus pensamientos y sueños positivos.

27. Haz algo que amas cada día

Tómate un tiempo cada día para hacer algo que realmente disfrutes. Puede ser algo tan simple como beberte un té mientras observas los árboles que están afuera de tu ventana o caminar por tu barrio, pero haz algo que te brinde alegría cada día para nutrir tu bienestar emocional.

28. Encuentra significado en lo que haces

Tener un sentido de propósito es clave para sentirse necesario/a y productivo/a en la vida. En todos tus roles, considera cómo las cosas que haces tienen significado. Si no es así, reconsidera por qué lo estás haciendo.

29. Muévete

El ejercicio es una excelente manera de mejorar tu estado de ánimo, regular tus emociones y ayudarte a pensar con mayor claridad. El ejercicio reduce el estrés y libera endorfinas (la hormona de la felicidad) que pueden ayudarte a superar un bloqueo emocional temporal. Recuerda: *"Mens sana in corpore sano"*

30. Da a los demás

Cuando realizas actos de bondad hacia otras personas, también te sientes bien. Encontrar una manera de ser relevante y útil es esencial para sentirse útil en la vida, así que encuentra la manera de hacer algo bueno en este mundo.

31. Exponte a la naturaleza

Pasar tiempo al aire libre te mantiene activo/a y también mejora tu salud emocional. Se ha demostrado que la exposición a la naturaleza mejora el estado de ánimo y reduce los niveles de estrés. Pasa el mayor tiempo posible en parques y espacios verdes locales para estar más feliz y sentirte más emocionalmente en control.

32. Encuentra tu pasión

Hacer algo que amas te ayuda a disfrutar de la vida y a permanecer contento/a durante toda la vida. Tu pasión no necesariamente tiene que ver con tu trabajo; puede ser un pasatiempo. Pero hacerlo regularmente es esencial para sentir satisfacción en la vida.

33. No dejes que los grandes proyectos te intimiden

Algunas personas tienen dificultades para lograr objetivos más grandes porque intentan abordar todo de una vez para alcanzar esos sueños. En su lugar, debes considerar esos objetivos a largo plazo como un proceso y centrarte en lograr solo una cosa a la vez. Divide los objetivos más grandes en partes más pequeñas para que sean más manejables.

35. Rodéate de personas positivas

Cuando tienes personas positivas en tu vida, es mucho más fácil mantenerte positivo/a. La energía negativa de otros puede derribarte muy rápidamente. Asegúrate de seleccionar a las personas con las que pasar tu tiempo que te animen y apoyen cuando lo necesites.

35. Sepárate de lo que está sucediendo a tu alrededor

No siempre puedes controlar lo que está sucediendo en tu vida, pero puedes controlar tu respuesta ante la incertidumbre o la negatividad. Tú no eres tus problemas o tus circunstancias; tú eres tú y las circunstancias son eso, circunstancias. Aprende a concentrarte en lo que puedes controlar y no te preocupes por el resto. Esta gran frase de Charles Swindoll lo resume todo: "La vida es un 10% lo que nos ocurre, y un 90% cómo reaccionamos a ello".

36. Cuida tu cuerpo

Tomar decisiones saludables para tu cuerpo significa que valoras tu salud y piensas que eres digno/a de tu salud y tu estado físico. Permitir que los problemas físicos queden desatendidos puede contribuir a la angustia emocional. Cuida tu cuerpo y él te cuidará a ti.

37. Establece límites

Tener unos límites firmes permite que otros sepan cómo tratarte y qué pueden esperar de ti como amigo/a, compañero/a y empleado/a. Cuando permites que otros traspasen esos límites, no estás valorando tus propias necesidades. Haz que tus límites sean claros e intransigentes.

38. Cultiva tu gratitud

Sentir agradecimiento por las cosas que tienes en la vida es un excelente indicador de tu bienestar emocional. Pasa tiempo cada día reconociendo aquellas cosas por las que estás agradecido/a. Enfócate en lo que es positivo en tu vida. A algunas personas les gusta llevar un diario de gratitud, lo cual les permite revisar y reflexionar periódicamente sobre lo que está bien en sus vidas.

39. Se responsable de tu felicidad

La única persona que puede hacerte feliz en la vida eres tú. No delegues ese poder a otros ni esperes que otros contribuyan a tu felicidad a largo plazo.

40. Trabaja en tu regulación emocional

Esta habilidad consiste en mantener tus emociones bajo control y no permitir que te consuman de manera que influyan en tu comportamiento. El bienestar emocional tiene que ver con el equilibrio, y practicar la regulación emocional te permitirá sentir emociones sin que esto afecte tu comportamiento.

41. Trátate como tratas a tus amigos

A menudo somos mucho más amables y más generosos con los demás que nosotros/as mismos/as. Sé tan comprensivo/a e indulgente contigo mismo/a como lo eres con los demás.

42. Bebe con moderación

El alcohol es un depresivo. Si bien puede ayudar a reducir el estrés en cantidades moderadas, beber en exceso puede exacerbar otros problemas emocionales. No bebas más de lo que deberías y evita beber solo para sentirse mejor; nunca es una opción saludable.

43. Aprende un nuevo hobby

Los pasatiempos mantienen la vida interesante y te enseñan nuevas habilidades. Son algo de lo que puedes estar orgulloso y también pueden aumentar tu autoestima y confianza.

44. Tómate un descanso

Cuando la agitación emocional o el estrés te deprimen, está bien tomar un breve descanso. Esto te permite obtener cierta perspectiva, alejarte del ardor de las emociones intensas y saber que medidas tomar sin ser demasiado emocional.

45. Habla con alguien

Si está pasando por un revés emocional, hablar con alguien puede ser extremadamente útil. Puedes hablar con un amigo o una amiga de confianza u obtener ayuda de un profesional. Si tu salud emocional está sufriendo severamente, es mejor hablar con un profesional capacitado que pueda ayudarte a enfrentar tus problemas de manera efectiva.

46. Reformula tus desafíos

La salud emocional incluye la capacidad de ver las cosas de nuevas maneras. Si bien puedes sentir emociones negativas sobre una situación o evento en particular, también es saludable poder ver los beneficios o las posibles oportunidades de aprendizaje en algo. Reformular es una estrategia de afrontamiento emocional saludable que funciona bien para la ansiedad y otros problemas de salud emocional.

47. Amplía tu sistema de apoyo

Tus amistades son una red de apoyo que puede ayudarte a superar desafíos y ofrecerte perspectivas y energías positivas cuando lo necesites. Asegúrate de tener una red de apoyo sólida y trabaja para hacer nuevas amistades si las actuales no te apoyan en la forma que necesitas. Haz amistad con personas que sean positivas o que hayan superado desafíos, ya que pueden ser un ejemplo para ti.

48. Mantente activo/a

Una manera segura de empezar a sentirse deprimido/a es quedarse sin hacer nada. Aunque ocasionalmente estar inactivo puede ser refrescante, la inactividad constante te hace sentir inútil y sin rumbo. No importa tu edad o tu capacidad; encuentra maneras de estar mental y físicamente activo/a, y tendrás más probabilidades de mantenerte emocionalmente en forma.

49. Fíngelo hasta que lo consigas

Esta expresión estadounidense (*Fake it until you make it*) significa aparentar un comportamiento deseado aunque aun no lo tengamos. Podemos aparentar ser más extrovertidos, más seguros de nosotros mismos, estar contentos, ser más activos físicament, etc. Esto funciona debido a que, al actuar que somos como queremos ser, vamos formando y aposentando patrones de conducta en nuestro cerebro. Y al final llega un punto en el que se convierte en un comportamiento natural. Por ejemplo, incluso cuando no te sientes particularmente positivo/a, sonreír puede mejorar tu estado emocional y darte la confianza para superar cualquier obstáculo que estés afrentando. Es realmente una técnica muy poderosa. Pero cuidado; no utilices el *Fake it until you make it* para aparentar un estatus económico que no tienes, y menos aun a costa de endeudarte. Lejos de ayudarte a conseguir tus sueños, te estarás alejando de ellos asumiendo riesgos innecesarios.

50. Ríe regularmente

La risa libera endorfinas que te hacen sentir mejor y más relajado/a. Mira videos divertidos, lee chistes o pasa tiempo con aquellos de cuyo sentido del humor disfrutas. Haz lo que sea necesario para reír regularmente para equilibrar tus emociones.

51. Disfruta del aire fresco

Pasar tiempo al aire libre te expone a la naturaleza, al aire fresco y a la luz del sol, todo lo cual puede mejorar tu estado de ánimo y ayudarte a ver las cosas con mayor claridad.

52. Aumenta tu conocimiento

Una cosa que afecta a tu bienestar emocional es el miedo a lo desconocido. Aprender más sobre tu problema puede ayudarte a manejarlo mejor y saber cómo sobrellevar la situación. El conocimiento es poder.

53. Tómate unas vacaciones

Disfrutar de tu tiempo libre puede mejorar tu

perspectiva y ayudarte a reducir el estrés, lo cual es excelente para tu bienestar emocional. No necesariamente tienes que ir lejos o viajar extravagantemente. El mero hecho de alejarse ya es beneficioso en si mismo.

54. Ten más sexo

La intimidad y el sexo construyen lazos que aumentan tu bienestar emocional. Sentirse cerca de alguien refuerza tu autoestima y también te ayuda a vincularte con tu pareja.

55. Deja de perseguir la felicidad

Cuando siempre estás esperando lo siguiente que podría hacerte feliz, te estás perdiendo todas las cosas cotidianas que podrían alegrarte ahora mismo. Enfócate en el hoy y en lo que tienes ahora.

56. Establecer metas semanales

Establecer tus metas semanales proporciona un tiempo para centrarte y una razón para sentirte realizado/a al final de cada semana. Este hábito también puede aumentar tu confianza y ayudarte a reducir el estrés.

57. Sal a caminar

El simple hecho de caminar regularmente es beneficioso para tu bienestar emocional. Esta actividad promueve la circulación y mejora tu estado de ánimo, así como tu estado físico general.

58. Aprende a decir "NO"

Cuando dices a menudo sí a todo lo que se te pide, ya no le das prioridad a tus propias necesidades. Esto puede hacer que te sientas estresado/a y frustrado/a. Di "no" cuando no puedas o no quieras hacer algo. Pide ayuda cuando tengas demasiadas cosas y delega cuando puedas o lo consideres necesario.

59. Mantente positivo/a

Mantener una mentalidad positiva es beneficioso para tu bienestar emocional. Desarrolla un mantra positivo que puedas repetirte cuando las cosas se pongan difíciles. Cuando sientas pensamientos negativos, repite tu mantra y aléjalos.

60. Desarrolla una perspectiva sobre tus problemas

Cuando se trata de dificultades en tu vida, el problema real no es el problema o la situación en sí, sino cómo piensas y sientes al respecto. Aprender a desarrollar perspectivas nuevas o diferentes acerca de tus problemas puede ayudarte a cambiar una mala situación y te permitirá enfrentar mejor los problemas.

61. Contacta

Llama a un amigo o amiga para un encuentro espontáneo. Queda para tomar un café o simplemente charla por teléfono un poco. Conectarse con caras y voces amigables proporciona el apoyo emocional que necesita en todo momento, no solo cuando las cosas son difíciles.

62. Toca

El acto físico de tocar a alguien que te importa mejora tu bienestar emocional. Los abrazos, las manos y otras formas de contacto envían señales importantes a tu cerebro que promueven el bienestar emocional.

63. Consigue una Lámpara de Luz Diurna

Si vives en un área que no recibe mucha luz solar, especialmente en los meses de invierno, debes invertir en una lámpara de luz diurna. Estas lámparas exponen tu piel y tus ojos a rayos UV cruciales que son necesarios para el bienestar mental y emocional. Tomar suplementos de vitamina D también puede ayudar.

64. Encuentra una distracción

Si estás sufriendo por algo, reconcomiéndote por un enfado o no puedes dejar de lado tus pensamientos negativos, considera distraerte. Interrumpe tu espiral emocional iniciando en algo completamente diferente. Incluso solo una distracción de dos minutos puede ser suficiente para romper el ciclo y ponerte en un mejor camino.

65. Encuentra el sentido después de una pérdida

Las pérdidas pueden ser difíciles de superar, pero encontrarles el sentido puede ayudarte a sobrellevar la situación de manera más efectiva. Siempre hay algo que podemos aprender, incluso de los eventos más trágicos de la vida, como aclarar nuestros valores y tomar medidas que honren a los que ya no están. Encuentra algún sentido en tu pérdida y te sentirás mejor con respecto al futuro.

66. Practica la autoaceptación

Aprende a encontrar lo positivo en tus defectos y ábrete a ti mismo/a como único y especial. No te preocupes si eres como los demás, si no que acepta que eres exactamente lo que necesitas ser.

67. Encuentra maneras de relajarte

Aprender a lidiar con el estrés y la relajación son esenciales para tu bienestar emocional. Todos tenemos diferentes cosas que nos relajan, así que encuentra lo que funciona para ti y asegúrate de que te estás tomando un tiempo de relajación con regularidad.

68. Sé un modelo a seguir para tus hijos

Si no te cuidas emocionalmente, tus hijos no tendrán un modelo de cómo hacerlo cuando se conviertan en adultos. Muestra a tus hijos cómo cuidar su bienestar emocional siendo un buen modelo a seguir siempre que sea posible.

69. Aprende algo nuevo

Continuar aprendiendo a lo largo de tu vida puede aumentar tu confianza, ayudarte a alcanzar sus metas y evitar el deterioro mental de la vejez. Cuida tu autoestima invirtiendo en ti a medida que envejezcas y tu bienestar emocional se beneficiará.

70. Céntrate en la positividad

Trabaja para eliminar las palabras negativas que usas al hablar con otros y contigo mismo/a. Elimina las quejas, las críticas y otras conversaciones negativas que uses, y comenzarás a notar cuánto más positivo/a te sientes.

71. Elige una lista de reproducción

La música puede mejorar tu estado de ánimo, así que crea una lista de reproducción que esté explícitamente diseñada para darte energía y ayudarte a salir de tus momentos de bajón.

72. Pasa tiempo con la familia

Quienes pasan tiempo con sus seres queridos tienen más probabilidades de tener una perspectiva positiva y sienten que pueden manejar mejor los problemas en su vida. Haz un hueco para pasar tiempo con aquellos que valoras.

73. Hazte amigo/a de gente más joven

Tener amigos más jóvenes puede influir en tu perspectiva y vitalidad. Las personas más jóvenes pueden ofrecer nuevas perspectivas y ayudarte a aprender cosas nuevas también.

74. Juega más

Participar en juegos, rompecabezas y actividades divertidas es bueno tanto para tu mente como para tu alma. Los juegos son una excelente manera de interactuar con otros, mantener tu mente activa y liberar la tensión y el estrés.

75. Planta un jardín o cultiva algo

Plantar algo te proporciona un propósito, te mantiene activo/a y te da algo que anticipar. Planta cualquier cosa que te guste, dentro o fuera de casa.

76. Deja de preocuparte por tu edad

Aquellos que reconocen que la edad es un estado mental son mucho más propensos a ser más felices y encontrar satisfacción en la vida. No te preocupes por cuántas velas hay en el pastel cada año. En su lugar, enfócate en las oportunidades que cada año que cumples te ofrece.

77. Muestra gratitud a los demás

Siempre agradece o expresa tu gratitud a otras personas que han sido amables o generosas contigo. Cuando reconoces el esfuerzo o la bondad de los demás, fortaleces tu conexión y te sientes más positivo/a con respecto al mundo.

78. Se amable con los demás

Cuando pones energía positiva en el mundo, esta volverá a ti de otras maneras. Tratar a los demás con amabilidad será recompensado con las mismas actitudes a cambio, por lo que siempre que tengas la opción, elige ser amable.

79. Equilibra tu optimismo con tu resiliencia

Ser demasiado positivo/a en tu forma de pensar puede hacer que sea difícil recuperarse de los contratiempos. Superar el fracaso es tan importante como ser positivo, así que encuentra el equilibrio adecuado entre estas dos perspectivas.

80. Aférrate a tus creencias

Creer fuertemente en algo es beneficioso para tu alma. Ya sea que tengas creencias religiosas o espirituales, posturas firmes sobre la política o que apoyes causas específicas, tener un sistema de creencias firmes es importante para tu bienestar emocional.

81. Aborda los retos difíciles

Afrontar desafíos y aceptarlos te enseña autodisciplina, lo cual es excelente para tu confianza. Tener éxito en algo que te resulta difícil también te ayuda a mantenerte mentalmente en forma.

82. Interésate por los demás

Preguntarle a la gente cómo le va todo y escucharlos activamente es una excelente manera de hacer que se sientan mejor y de recordarte a ti mismo/a que debes hacer lo mismo.

83. Haz tus vacaciones tuyas

Muchas personas encuentran las vacaciones particularmente estresantes y terminan haciendo muchas cosas para complacer a los demás. Por ejemplo, haz tus propias tradiciones navideñas, concéntrate en generar alegría para ti y los tuyos, y no te preocupes por el resto. Las vacaciones deben ser disfrutadas, no temidas.

84. Deja de compararte con los demás

Comparar tu vida con la de otras personas solo sirve para robarte la felicidad que tu propia vida te puede traer. No te preocupes por lo que otros están haciendo o por lo "perfecta" que puede parecer la vida de los demás. Todos tenemos problemas; todos estamos luchando con algo y por algo. Solo enfócate en ti mismo/a y deja ir las comparaciones.

85. Pasa menos tiempo en las redes sociales

Para evitar las comparaciones mencionadas anteriormente, considera limitar el tiempo que pasas en las redes sociales, donde todos parecen estar viviendo la versión más perfecta de su propia vida.

86. Deshazte de tus seguidores tóxicos

Desvincúlate o deja de seguir a alguien en las redes sociales que te desanima o te molesta regularmente. La vida es demasiado corta como para mantener en ella ese tipo de personas.

87. Sé una amigo/a en la vida real

En lugar de solo darle a "me gusta" o publicar en las redes sociales, ¿por qué no llamar a la gente o verla en persona? Incluso un mensaje personal es mejor que un comentario genérico, ya que las interacciones cara a cara siempre superan a las digitales en la categoría de satisfacción emocional.

88. Haz cambios

Si algo no está funcionando en tu vida, es hora de hacer algo al respecto. Deja de vivir una mala situación o algo que te hace sentir miserable y empieza a hacer los cambios necesarios para mejorar ese estado.

89. Enfócate en tus valores

Si encuentras que hay cosas en tu vida que no te traen satisfacción o alegría, considera si se alinean con sus valores. Muchas veces, estamos luchando porque nuestras acciones están en contradicción con nuestras creencias e ideales. Encontrar tus valores y luego evaluar tus acciones en comparación con ellos puede ayudarte a identificar dónde necesitas realizar ajustes para mejorar tu bienestar emocional.

90. Busca el equilibrio

El trabajo es un hecho de la vida, pero también lo es el amor, el juego y la alegría. Busca el equilibrio en tu vida que te permita tener tiempo para todos los aspectos de un equilibrio emocional saludable. Dedicar demasiado tiempo a cualquiera de estos te sacará de tu equilibrio, así que considera cómo puedes eliminar o hacer ajustes para encontrar ese equilibrio entre todos estos factores.

91. Toma el control de tu entorno

Tu entorno tiene un impacto en tu bienestar emocional. Crea un espacio que te traiga paz y plenitud, no estrés y ansiedad. Y el primer entorno que debes tener bajo control es tu hogar. Así que deshazte de todo aquello que no necesitas, mantén tu hogar ordenado y limpio y conviértelo en tu retiro de paz y tranquilidad.

92. Baila

Pon música y baila. Ya sea que te guste divertirte mientras haces las tareas domésticas o dejarte llevar por otra persona, bailar reduce el estrés y te ayuda a sentirte mejor. Además, es un excelente ejercicio físico que te ayudara a estar en forma.

93. Da las gracias a alguien

Extiende tu gratitud a aquellos en tu comunidad que hacen el trabajo de ayudar a otros. La difusión del aprecio hace que sea más probable que también reconozcas los dones y bendiciones en tu vida.

94. Toma el aire

Pasar solo media hora por día al aire libre puede mejorar tu estado de ánimo y elevar tu estado emocional. Aquellos que pasan tiempo afuera regularmente sufren menos depresión y ansiedad y tienen un mejor equilibrio emocional.

95. Haz del tiempo libre una prioridad

Si parece que no puedes encontrar el tiempo libre para relajarte, ponlo en tu calendario. Dedica tiempo a tus pasatiempos, intereses y pasiones para mejorar tu salud mental y emocional.

96. Acalla el caos emocional

Cuando las emociones estén muy cargadas, mantenlas bajo control mediante la meditación, la oración o el *mindfulness*. Una mente más tranquila te permite enfocarte en soluciones en lugar de revolcarte en emociones negativas.

97. Tómate un tiempo para ti

Date un baño de 20 minutos, camina alrededor de la manzana varias veces, o simplemente siéntate en tu coche a escuchar la radio, pero haz algo por salir de vez en cuando para reflexionar sobre tu estado emocional y evaluar tus necesidades.

98. Únete a un grupo

Encontrar personas en tu comunidad con intereses similares a los tuyos nunca ha sido tan fácil. Usa herramientas en línea para reunirte con personas a las que les guste hacer las mismas cosas que a ti, que estén interesadas en temas similares o que compartan conjuntos de habilidades específicas. Conocer gente nueva es bueno para tu estado emocional, al igual que compartir tus pasiones con los demás.

99. Toma el sol

Tu piel necesita solo 15 minutos de sol al día para producir suficiente vitamina D para mejorar tu estado de ánimo y mejorar tu estado emocional, así que sal a la calle a que te toque un rato el sol.

100. Trabaja en tu resilencia

Enfrentar desafíos es una parte de la vida, y a desarrollar tu capacidad para superar estos obstáculos y ser capaz de avanzar se le llama resilencia. Busca maneras de mejorar tus estrategias para afrontar dificultades y mejorarás así tu bienestar emocional.

"El secreto de la salud mental y física no es llorar por el pasado, preocuparse por el futuro o anticipar problemas, sino vivir en el momento presente sabiamente." (Buddha)

Antes de irte...

Esperamos que estas guías rápidas te hayan parecido interesantes y útiles. Si aplicas los consejos de este libro (o al menos algunos de ellos) ten por seguro que ganarás en salud, bienestar y calidad de vida.

¡Cuídate mucho!

Con afecto, tus amigos de

Areca Guías Rápidas

www.ingramcontent.com/pod-product-compliance
Lightning Source LLC
Chambersburg PA
CBHW061501250726
48657CB00005B/1687
* 9 7 8 1 7 9 5 2 9 0 4 7 0 *